Techniques to capture the hearts

魔法の第一印象

～会った瞬間に心をつかむ技術

株式会社ビーズ代表取締役
株式会社 Amor 代表取締役
細野貴史

Techniques to capture the hearts

魔法の第一印象

～会った瞬間に心をつかむ技術

株式会社ビーズ代表取締役
株式会社 Amor 代表取締役

細野貴史

はじめに

僕のことを知らない人もいるかと思いますので、少し自己紹介をさせてください。

僕は、愛知県と福岡県に美容室を17店舗経営する経営者であり、美容師であり、カウンセラーでもあります。

美容師としてのキャリアは25年を超えました。

その間、9万人を超える人の髪の毛を触り、「開運カット」という名のもとに、さまざまなカウンセリングも施してきました。

「開運カット」というのはそもそも、髪の毛を切りに来る受験生に、「部屋には青などの寒色系のものを置くと集中力がアップするよ」とか、「三角形のものはストレスを感じるから丸みのあるものを部屋の目に見えるところに置くとよい」とかのアドバイスをしたところ、合格率が格段にアップしたのが始まりでした。

それこそ、東大、京大、早稲田、慶應、名大にどんどん受かっていく……。

統計を取り始めたこの3年間だけでも、その数は50人を超えます。

しかも、愛知の田舎です。

その後、受験生だけではなく、一般の方にも、デートの時に着ていくと相手に好印象を与える色や形、ビジネスシーンでの服の選び方などのカウンセリングへと発展していったものです。

そのカウンセリングを続けていくうちに、気がついたことがあります。

ヘアスタイルはもちろんなのですが、シチュエーションにあった色の使い方、身につける形の選択、そういうことにみなさん、あまりにも無自覚だなと……。

人に「自分を伝える」ということに関して無頓着なんです。

たとえば着ている服や身につけているアクセサリが、話している言葉と誤差があると、相手は違和感があって話が頭に入ってこない。

相手に好印象を与えたい場合、もちろん性格や話し方は大事なんですが、まず何よりも、自分自身の準備が大切です。

自分が身につける色や形、素材や香りが相手にどういう印象を与えるのか。

ここを間違えてしまうと、何をやってもちぐはぐ感が出てしまいます。

表現と見た目を一致させることで、表現は届きやすくなりますし、言い換えれば、見た目さえ気をつければ、相手の印象が大きく変わり、その場をコントロールできるようにすらなるのです。

今回この書籍では、9万人を超える人の髪の毛を触りながらカウンセリングを続けてきた僕だからこそわかる、相手に好印象を与える方法を、色、形、香り、テクスチャなどに分けて解説します。
見た目を変えれば、世界も変えられる。

僕は**「見た目はプレゼント」**だと考えています。

これが本書のテーマです。

この書籍が少しでもみなさんのお役に立ち、人生を前向きに変える一助となることを願っております。

目次

パート2　形編

イントロダクション

みなさんは、人を判断する時に、第一印象のなかで占める情報の割合をご存じでしょうか?

これは、男性が女性に会った時についての調査ですが、株式会社アダストリアが展開するブランドAndemiu（アンデミュウ）の調査によれば、約80%の男性が、第一印象で女性を判断すると答えたそうです。

さらに、女性をどこで判断しますかというアンケートでも、実に80%近くの人が「外見」と答えています。

実はこの数字、男女間だけのことではないようです。

第一印象で人を判断しますか?

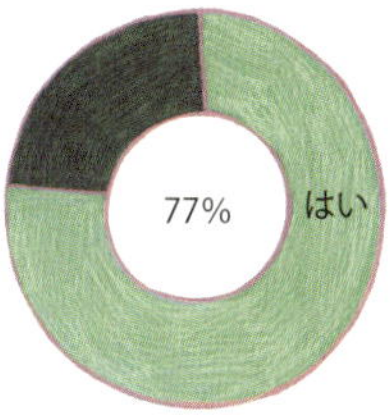

約80%近くの人が「はい」と回答

株式会社アダストリアが展開するブランド
Andemiu（アンデミュウ）の調査より

なかには、いやいや、見た目なんて関係ないんじゃない?

そういう人もいるかと思います。

とてもわかりやすい例なのですが、僕は、小学生のお子さんに「見た目」に関しての授業をする時があります。

真冬にノースリーブでいきなり登場して、子どもたちに「どう思う?」と聞きます。

身体を張っていますねえ（笑）。

そうすると当然子どもたちは、「寒そーう」と答えますが、なかには、「寒い」と答える子もいます。

人が寒そうなかっこうをしているだけで、自分まで寒く感じてしまうんですね。

みなさんも想像してみてください。

きっと、小学生のお子さんたちと同じ意見なのではないでしょうか？

これなんかは、見た目に感情が左右される一例ではないでしょうか？

見た目に無頓着な人々

もう一つ、就職面接のセミナーや話し方教室などでよく使われる「メラビアンの法則」というものがあります。

1971年にカリフォルニア大学のアルバート・メラビアンによって発表されたものです。

この法則、厳密にいえば、その解釈が誤って広まったものなのですが、それでも、「人が他人とコミュニケーションをとる時」には3つの情報から判断をしていて、言語情報が7％で、聴覚情報が38％、そして視覚情報が55％であるというそのルールは見逃せません。

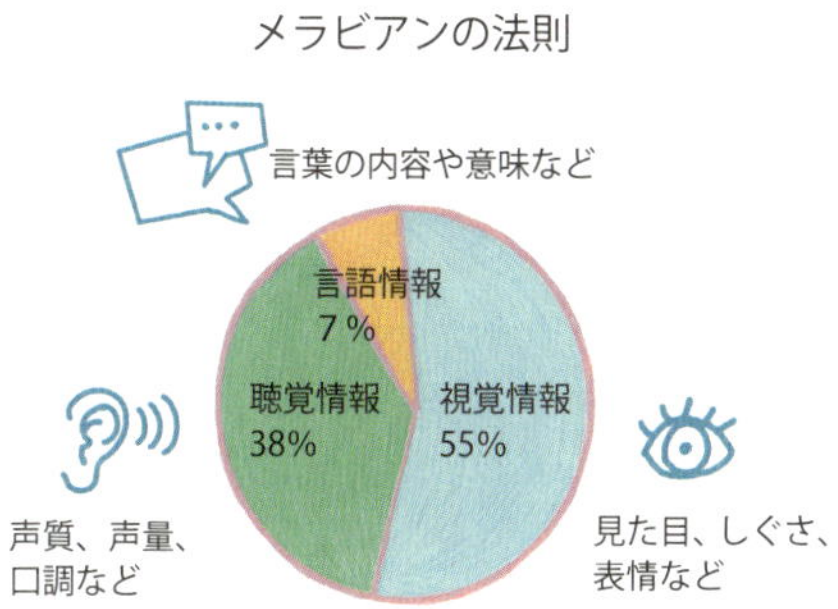

考えてみれば、驚くべき数字ですよね。

第一印象や見た目がこれだけ重要だというのに、「はじめに」でも書いた通り、多くの人はこのことにまったく無頓着なのです。

もちろん、初めての商談、面接、デート……。

みなさん、相手に失礼のないように、できればいい印象を持ってもらえるように、それなりの努力はしていることでしょう。

でも、その努力の方向が間違っていたとしたら？

実際、そういう状況を、僕は本当によく目にします。

初対面の印象で失敗した場合、その印象を取り戻すには3カ月から半年かかるという数字もあります。

怖くないですか？

現代の私たちが1日に接する情報量は、江戸時代の1年分とも言われています。

そんなスピード時代にあって、3カ月から半年、待てますか？

僕に言わせれば、第一印象は3秒以内に決まります。

でももしも、相手にいい印象を与えるテクニックがあったとしたらどうですか？

見た目は学べる

相手に与える印象……。

これを、運であったり、センスであったりと片付けてしまう人が、多くいます。

もちろん、そういう要素がないとは言いません。

しかし、実は、これを学ぶことができるんです。

何を学ぶか？

話し方（言葉も含む）であったり、服装であったり、表情の作り方を教えるセミナーも多いですね。

ここでもう一度、13ページのグラフを見てください。

言語情報が7％で、聴覚情報が38％、そして視覚情報が55％……。

言語、つまり「バーバル（Verbal）」によるコミュニケーションは、7％でしかない。

それと比較して、「ノン・バーバル（Non-Verbal）」、非言語によるコミュニケーションが93％です。

もしもここを学ぶことができれば、印象をコントロールできることになりませんか？

実際、できますし、企業など、わかっているところは普通に取り入れていることなんです。

色を使ってダイエット

印象をコントロールする。

ノン・バーバルの代表ともいえる、色を例にとってみます。

たとえば、家の中の色をコントロールすることによって、ダイエットができると言ったら、信じますか？

みなさん、あまり気がついていないかもしれませんが、飲食店はインテリアなどに、赤やオレンジの暖色系をよく使います。

イタリアン・レストランのチェックのテーブルクロスなどは典型的な例ですね。

なぜかと言えば、暖色系の色が、料理を美味しく見せて、食欲を増進させることが知られているからです。

逆に、部屋の色や、食器、ランチョンマットを青や緑などの寒色系にすることで、食欲を抑えることができる。

青白い光の蛍光灯もそうですね。

興味のある人は、是非、試してみてください。

きっと、ストレスなくダイエットができるようになるはずです。

コントロールするということ

色で人の心理をコントロールできる。

もちろん、こういうことを、企業はよくわかっています。

レストランの中を暖色系にするのはもちろんですし、病院の待合室の色、ホテルのロビーの色……。
今回の表紙も、とあるブランドのパッケージをオマージュしています。

気づいて、あのブランドを思い浮かべた人も多いのではないでしょうか？

ほら、色は企業にとってのブランディングにもなっています。

全部、意味があるんです。

後ほど説明しますが、色だけではありません。

形、香り、テクスチャ……。

自然界にあるすべてのノン・バーバルなものには意味があり、人間の本能をコントロールされる側は無意識に、コントロールする側は意識的にコントロールしている。

その意味がわかれば、初対面の人に好印象を与えることもできるようになる。

次ページからは、色、形、香り、テクスチャという、ノン・バーバルな情報の意味を学び、知識として取り入れ、印象をコントロールできるように解説を進めていきます。

繰り返します。

見た目を変えれば、世界も変えられる。

そして**「見た目はプレゼント」**です。

それでは、始めましょう。

パート1

色編

色の持つ意味

赤——情熱を感じさせる

言うまでもなく、赤はとても強い色です。

そもそもが、太陽や血を連想させる色で、情熱やエネルギーを感じさせます。

ビジネスシーンでは、たとえば相手に自分の決意を表明したり、エネルギーを与えたりしたい時に使うといいですね。

アメリカの大統領選などを見るとよくわかりますね。

赤いネクタイをしている時が多いです。

しっかりと熱意を表明している。

ただ、とても強い色なので、ジャケットなど、広い面積で赤を使うと、圧が強すぎてしまいます。

特に相手に目上の人が多い時は、ネクタイのみとか、ポケットチーフだけにするとか、赤を控えめに取り入れておくといいですね。

また、相手が疲弊している時、たとえばお見舞いに行く時などには、控えた方がいい色になります。

青——人を落ち着かせる

青は、人を落ち着かせる色です。

それは自分自身であっても、相手に対してでも同じです。

ですから、ビジネスシーンでは、相手の話も聞きたいし、こちらの話も聞いてほしいような交渉をする時に向いています。

カウンセラーの方も、服装、オフィス、ウェブデザインなど、さまざまなものに青をよく取り入れていますね。

また、謝罪の場面にも適した色です。

逆に、パーティなどの華やかな場では控えた方がいいかもしれません。

青は空や水を連想させる色なので、白と組み合わせることによって、より、爽やかさを表現することができます。

デートなどに使うといい組み合わせですね。

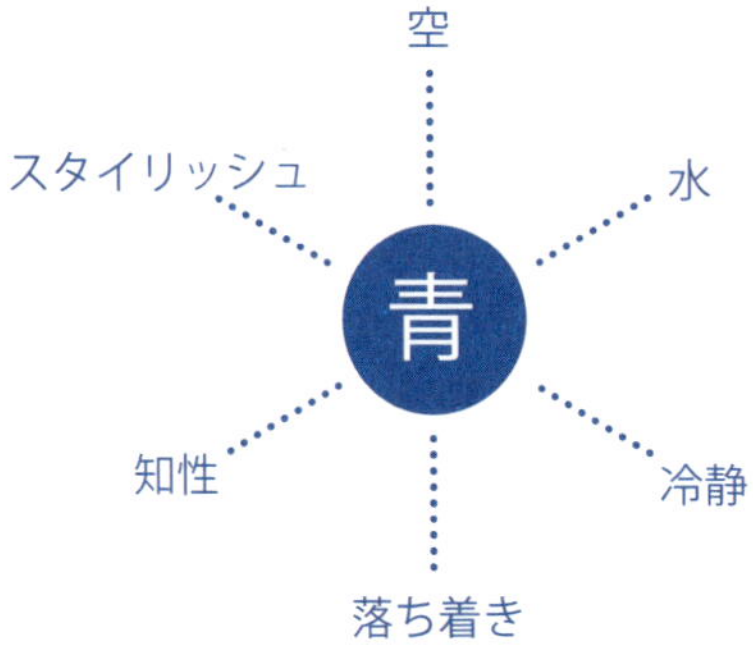

黄――ＰＯＰさを表現する

とてもＰＯＰな色なので、広告などで使われる色ですね。

特に子ども向けに力を発揮します。

一番わかりやすい例で言えば、マクドナルドのシンボルである「ゴールデンアーチ」があります。

私の会社が主催している、親子で学べる美容の祭典「美容万博」でも、ウェブデザインなどで、黄色を効果的に使っています。

書店に行くとわかりますが、書籍のカバーデザインなども、黄色を使ったものが多いようですね。

広告と相性がよく、何かを目立たせたい時に使う色です。

ただ、ビジネスシーンでのファッションを考えた時には、難しい色でもあります。

カジュアルさがあるので、積極的に使っていくと、楽しい色ですね。

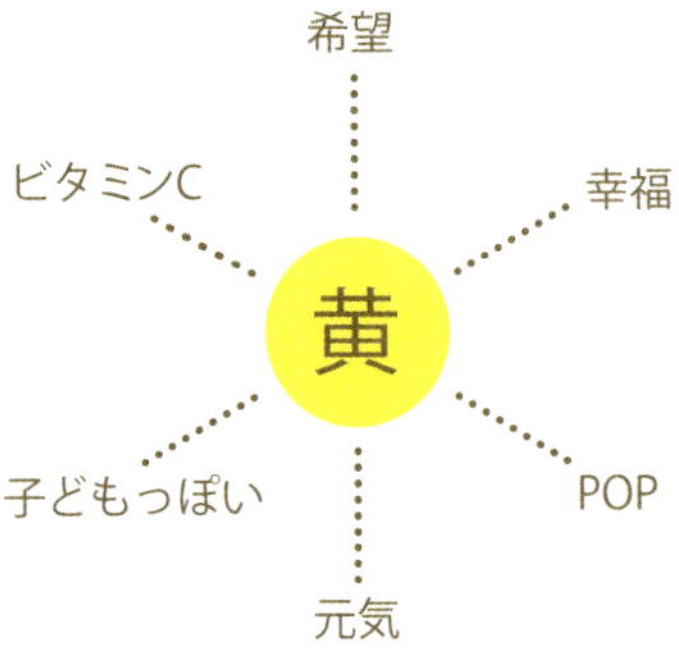

緑――安らぎを与える

人に安らぎを与える色です。

たとえば、待ち合わせ場所に緑色が多いところを選ぶと、時間をあまり気にせずに、ゆったりした気持ちで人を待てます。

それこそ、屋外の周りに樹木の多いテラスとかですと最高ですね。

ファッションに関して言うと、緑を使う人は少ないですね。

僕はもっと使うといいと思います。

僕自身、緑色のジャケットを持っていますが、周りに安らぎを与えたいなと考えた時に着ることがあります。

ただ、緑は安らぎを与える色ではありますが、一方で「保守的」とか「平凡」というイメージを持たれやすい色でもあります。

その時は、元気な差し色として、ピンクや赤をネクタイなどに使うといいですね。

これで少し、上向きなイメージが出ます。

紫——いにしえより、高貴さを表す

これは難しいですけど、面白い色でもあります。

最近は女性服や、お子さんのノベルティグッズでよく見かけるようになりましたが、そもそもが高貴な色なんです。

飛鳥時代に聖徳太子が定めた冠位十二階では紫が最上位ですし、平安時代にも紫式部は言うまでもなく、人々にとても愛された色でした。

現在でも、冠婚葬祭で使われる袱紗や、風呂敷など、高級感を感じさせます。

ですので、紫色自体が、すでにシチュエーションを選びます。

冠婚葬祭や、パーティですね。

前述したように、最近は女性服では紫のものが増えてきましたので、高級感を出したい人はどんどん着るのがいいでしょう。

ただ、やはり強い色なので、赤は合わせない方が無難です。

あとは、贈り物とか、そのラッピングに使うといいですね。

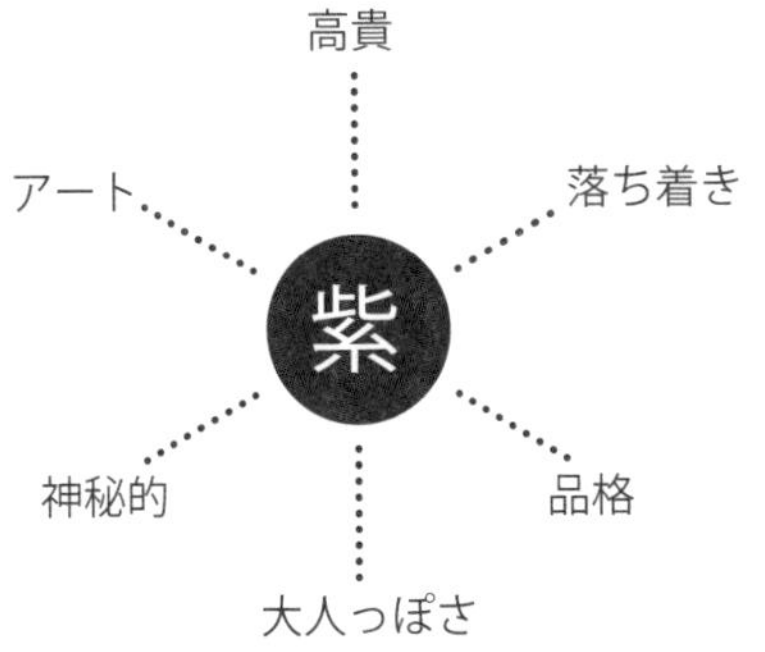

オレンジ——あたたかさや喜びを表す

この色は、ピンクのところでも解説しますが、万能色としての力があります。

差し色として使うには万能です。

何色にも合わせることができます。

黄色やピンクと同じで、ＰＯＰさがある。

ですから、黄色と同じで、子ども向けとしてはとても使いやすい色です。

一方、大人向けとしては、元気すぎる色ですから、ネクタイやハンカチ、小物などで差し色として使うのがいいでしょう。

合わせ方としては、赤などの同じ暖色系と同様でいいと思います。

たとえば、紺色。

紺色のジャケットの中にオレンジのニットとか、ポケットチーフとかですね。

似たような意味合いを持つピンクとは合わせない方がいいです。

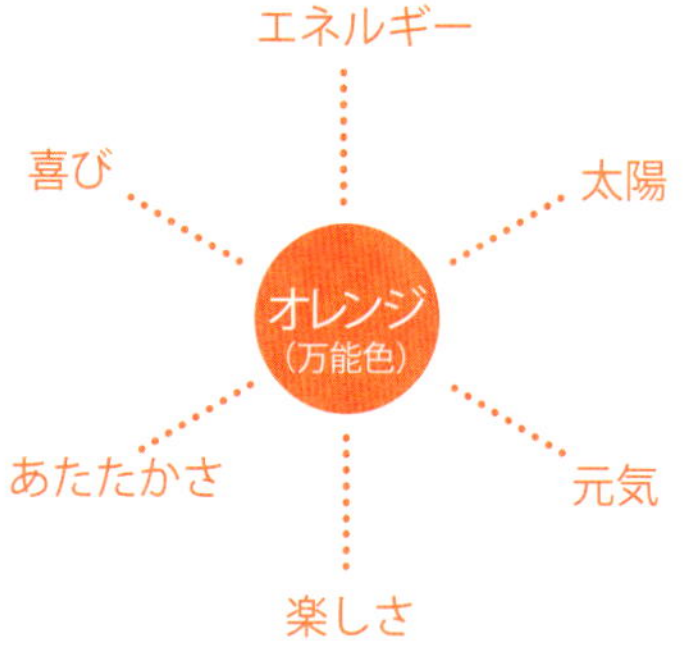

ピンク——柔らかさを演出する

ピンクは、男性と女性で考え方を分けた方がいいですね。

特にピンクは、「女性ホルモン」という意味合いを持ちますので、女性にとっては無敵な色になります。

ただ、同時に「幼さ」というイメージも持ちます。全身ピンクのコーディネートにすると、その「幼さ」が前面に出てしまうため、ビジネスシーンには向きません。

黒のジャケットやコートなどでその「幼さ」を抑えた方が無難です。

逆に男性の場合は、差し色で使う一択になるかと思います。

ネクタイやポケットチーフに使い、「柔らかさ」や「やさしさ」を演出する。

オレンジと同じ使い方です。

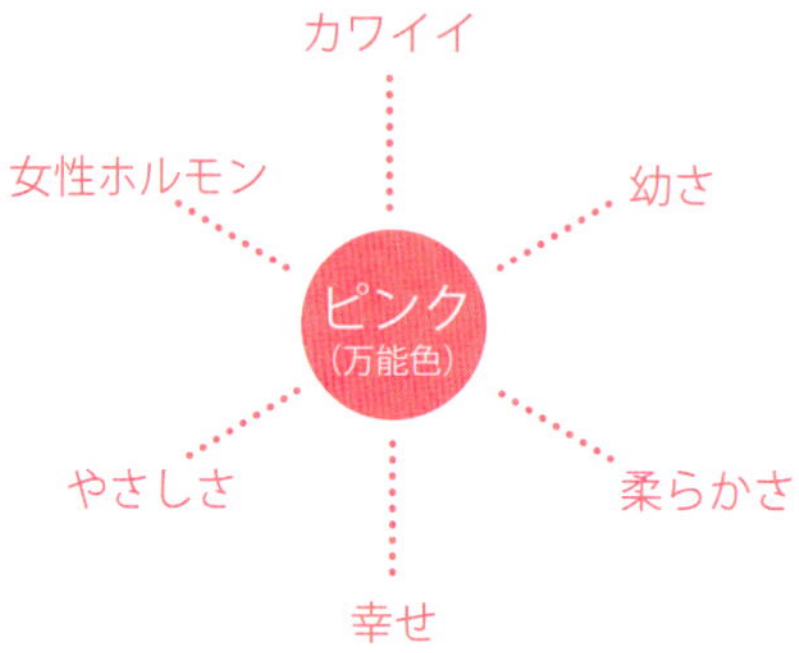

黒――スキルの高さを演出　白――清潔さを表す

黒と白に関しては、同じ無彩色ということでまとめて解説します。

この黒と白ですが、みなさん、理解をしていないのですが、実は、日本人に合わないんです。

もちろん、黒と白自体は合います。

しかし、日本人の肌質が「ウィンター系（透けるような白い肌。欧米系に多く、日本人には7％くらいしかいないと言われている）」ではないので、合わないんです。

そこであえて、たとえば黒を着る人もいます。

いわゆるスキルの高い人で、服を選ぶ時間がもったいないから黒を選ぶような人たちですね。

ホリエモンこと堀江貴文さんや、スティーブ・ジョブズ氏のような人たちです。

ただ、これはある種、選ばれた人たちだからＯＫなのであって、一般の人は避けた方がいい。

もう一つ付け加えさせてもらうと、黒と白は合わせやすいと書きましたが、この合わせ方は、表現とは別種のものであることも忘れないでください。

ゴールド――きらびやかさを演出
シルバー――クールさを表す

ゴールドとシルバーは、どちらもアクセサリで考えるといいですね。

たとえばパーティシーン。

あなたがパーティに出席する時、どちらを選ぶか？

重要なのは、自分の肌質です。

イエローアンダートーンなのか、ブルーアンダートーンなのか……。

これは、肌の基調となる色のグループで、イエローアンダートーンの人はゴールドを、ブルーアンダートーンの人はシルバーを選べば間違いないです。

イエローアンダートーンの人は、手首の内側の血管が緑っぽく出て、ブルーアンダートーンの人は青く出るので、そこで見分けることができます。

どちらも、使いすぎると「圧」が強くなるので注意です。

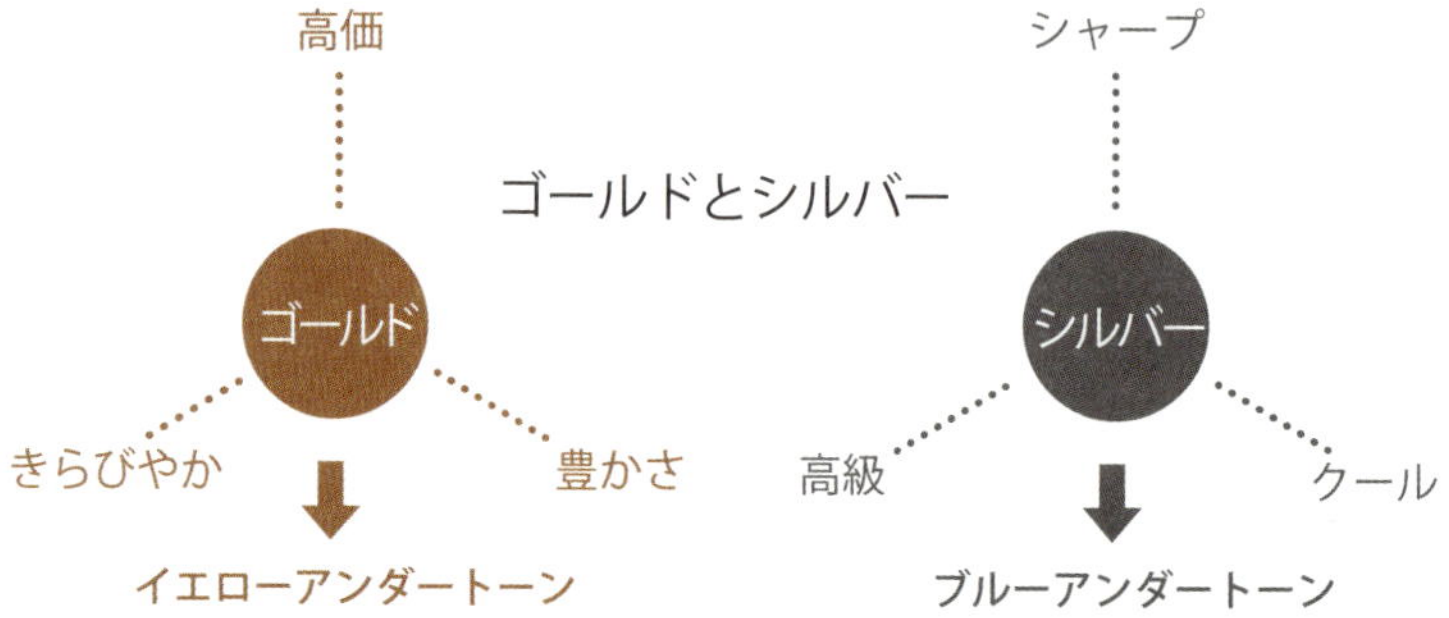

日本人に合わない、黒と白

日本人はそもそも、黒と白、そしてグレーが合わないと考えておいた方が無難です。

黒と白が合わせやすというイメージから、そうされているんでしょうけど……。

イメージというものは、時にやっかいなものです。

そもそもみなさん、自分の髪の毛の色ですら、誤解を抱いています。

これは美容室あるあるなのですが、よく、こういうやり取りが交わされます。

「私、髪の色が黒なので……」

ご自身の髪の毛の色をちゃんと黒と比較していないのにそうおっしゃる。

刷り込みなんですね。

実は、日本人の髪の毛の色の多くは、6トーン〜8トーンの茶色です。

その髪の毛の色は、できれば瞳の色に合わせた方がいい。

瞳の色も、これもよく誤解されているのですが、おおよそ6トーンくらいの茶色です。

できれば、髪の毛もそのくらいの色に合わせてあげる方が印象はよくなります。

パート2

形編

形の持つ意味

色と同様に、身につける形も、相手に大きな影響を与えます。目に入ってくる形によって、ストレスを感じたり、逆にそれを弱めたりもできるんですね。


「はじめに」でも触れましたが、開運カットで、受験生によく言っていたのが、部屋の中に角ばったものを置かないことです。

やはり、四角や三角のような角ばったものは、知らず知らずのうちに、人にストレスを与えます。

受験で神経を使っているところにそれでは、リラックスできないし、疲れも取れません。


身近な例でいえば、シャツの丸首とVネックがあります。

丸首だと相手に柔らかい印象を与えることができますが、Vネックではシャープな印象になります。

シチュエーションごとに使い分けられるといいですね。


形の意味について説明させてもらえば、言うまでもなく、丸は、柔らかさの象徴です。

赤ちゃんが生まれて初めて目にして、接する乳房ですね。


それに対して四角は、権威の象徴になります。

表彰状を入れる額縁などは、みんな四角ですね。

よく、Ｚｏｏｍの背景などに、四角のもの、たとえば本などを並べている人がいますが、あれは結構、人にストレスを与えるものだということを覚えておいた方がいいと思います。

いわば、「私はこれだけの本を読み、知識を得ている」という表彰状を並べているみたいなものですから……。


三角は工業デザインですね。

標識などがいい例ですが、方向を指示するような役割があります。

これは後述しますが、髪の毛というのも、一本一本は指向性を持っていて、とても強い意味を持ちます。


こういう「形の意味」を最もうまく利用しているのが、漫画のキャラクターです。

「ドラえもん」を例にとってみましょう。

ドラえもんは、やさしさや受け止めてくれる寛容性を表す意味で、丸で表現されています。

ジャイアンの体型や顔の形は四角ですね。

男らしさや強さの表現です。

三角はスネ夫です。

三角には指向性のほかに、角が3つあり、どちらに転ぶかわからない不安定な要素もあります。

ふわふわと調子のいいスネ夫を表現するには、ぴったりです。

こういう形で、漫画家に限らず、デザインの世界でも、「形の意味」というのは上手に活用されています。

ビジネス・スーツ

そもそもスーツ自体が三角を意識していることを、まずは頭に入れておいてほしいですね。

全体の形には、かっちりとしたシルエットのブリティッシュスタイルや、柔らかくて曲線的なシルエットのイタリアンスタイルなど、いろいろとありますが、カットラインが全部、三角だというところが重要です。

その上で、より三角を強調した襟のピークドラペルもありますし、女性の場合でしたら、そこを柔らかく見せるためのノーカラーもあります。

これは服装に限ったことではなく、アクセサリなどすべてを含めての話になりますが、相手にストレスを与えたくない状況では、なるべく角張ったものや、三角のラインが出過ぎるものは着ていかない、身につけない方が無難です。

クレームに対応する際も同様ですね。

ブリティッシュ

ワイシャツの襟

ワイシャツの襟は、形だけでもざっと9種類はあるのですが、ここでは襟の高さにフォーカスして解説します。

こちらも、「体型に合わせる」ことが重要です。

首の短い人が台襟の高いシャツを着ると窮屈に見えてしまうので、台襟の

ノーカラー

イタリアン

低いシャツ、または、ワイドカラーなど襟元の広いシャツを選ぶのがいいです。

逆に首の長い人は、必要以上に首が見えて間延びした感じになることを防ぐために台襟の高いものを選ぶといいです。

首の短い人とワイドカラーのワイシャツ

首の長い人と高い台襟のワイシャツ

ネクタイ

柄や色ももちろんですが、長さや幅にも気を付けたいですね。

ネクタイは短ければかわいらしく見えてしまいますので、適度な長さが必要です。

さらに細いネクタイはやはりシャープに見えますので、相手にキツイ印象を与えます。

逆に太いネクタイは、より緩やかな印象を相手に与えます。

基本、ネクタイの鉄則は、「体型に合わせる」です。

体の大きい人が細いネクタイをすると、太って見えてしまいますし、細い人が太いネクタイをすると、バランスが悪い。

アクセサリ、眼鏡、靴、カーディガン、ハンカチ

たとえばアクセサリも、角張ったもの、丸みを帯びたものがあります。これまで説明してきたように、角張ったものは相手にストレスを与えますし、丸みを帯びたものは緊張を緩和します。状況によって、付けるものの形は意識した方がいいですね。女性の場合のネックレスでは、チェーンの長さもあります。長ければ、顔を小さく見せることもできます。

プリンセスタイプ
鎖骨あたりまでくる定番の長さで、
すっきりとした首のラインを際立たせる

マチネタイプ
胸もとあたりまでトップが来る
タイプで、上品さを醸し出す

眼鏡も、ラウンド型やオーバル型は、丸みがありますので、柔らかさを演出できますし、逆にスクエア型やウェリントン型であれば、権威を表現することもできます。

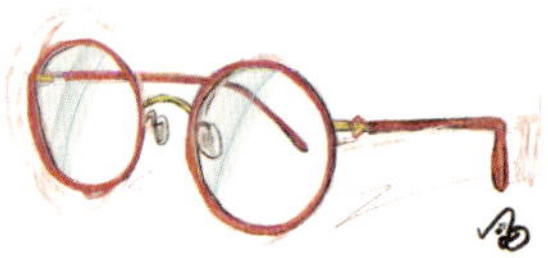

ラウンド型の眼鏡とスクエア型の眼鏡

靴も同様です。

つま先が丸みを帯びたラウンドトゥであれば、柔らかさを、つま先が角ばったスクエアトゥであれば、格式を表現できます。

特に女性の場合、カーディガンやカバン、ハンカチといった小物でも、柔らかさを表現できますので、いろいろと試してみるといいですね。

男性のスクエアトゥとラウンドトゥの靴

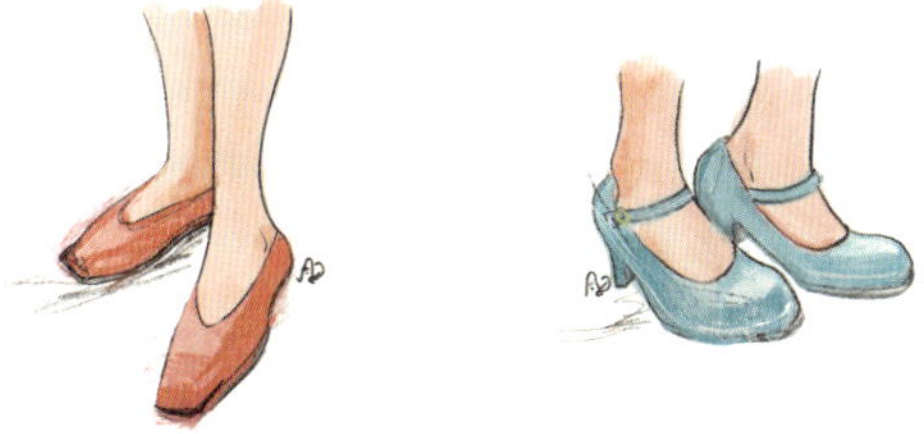

女性のスクエアトゥとラウンドトゥの靴

スクエアタイプとラウンドタイプのカーディガン

丸みのあるカバン

スクエアタイプとラウンドタイプのハンカチ

ヘアスタイル

形を語るときに、ある意味もっとも重要なのが、ヘアスタイルです。

三角という形が、標識のように「方向を指示する」意味を持つということは前述しました。

実は、その最たるものが髪の毛なんです。

髪の毛というのは、一本一本に方向性があります。

矢印なんですね。

ですから、その方向性の先にある目元をどれだけいい形で表現するかが重要になります。

目元に集中させるために、前髪を作るんですよ。

ここが一番、美容師の腕の見せ所です。

ここでは、顔の形に沿って解説していきましょう。

※なお、男女にかかわらず、顔のパーツが濃い人は大人っぽく、パーツが薄い人は幼げになる傾向がプラスされます。

丸顔

男性

丸顔の人は優しく見られがちです。

より優しく見せようとするなら、マッシュルームみたいなスタイルがいいですね。

顔の横に毛がくるようなラインとか、前髪があるようなラインは、より優しく見せられます。

逆に優しく見せたくない時は、高さのあるヘアスタイルにします。
一昔前に流行ったソフトモヒカンとかがいいです。
前髪も立ち上げて、顔周りに髪の毛がこない方がいい。

マッシュルーム

ソフトモヒカン

女性
ショートの場合は、ベリーショートではなく、顔にかかるようなスタイルで横に広がらないラインの方がいいですね。
短くし過ぎると、幼げになりすぎる場合があります。
ミディアムとロングの場合、かわいくしたい時は、前髪を作り、顔周りをシャープにして全体をフワッとさせる。

大人っぽくしたい場合は、前髪はなるべく作らず、髪自体も巻くなどの動きをつけずに、シャープにします。

色も使わない方がいいですね。

ショート

ミディアム

四角顔

男性
最近では、角刈りというのはあまりやらないでしょうけど、短くすると強く見えてしまうのが、この顔の形ですね。
もちろん、強く見せたいのであれば、角刈りと言わずとも、ショートがいいでしょう。
優しく見せたい時は、顔に少し髪の毛がかかるヘアスタイルの方がいいですね。

角刈り

顔に少し髪の毛がかかるスタイル

女性

女性の場合は、丸顔のミディアム・ロング共に印象は変わりません。

ミディアム

ロング

三角顔

男性

特に顎がシャープな形をしていると、怖そうだったり、神経質そうだったり見えますね。

高さを出すと怖く見えてしまう傾向がありますので、顔の輪郭をカバーする意味でも、横に丸みをつけるといいですね。

横に丸みをつけるヘアスタイル

女性

三角顔の人は、どうしても自分に厳しそうに見えます。
その威厳を保ちたいのであれば、ショートなラインもありです。
かわいらしく見せるのであれば、前髪があって襟足があるスタイル。
全体にふわっと柔らかいスタイルにした方が、相手に優しそうに映ります。

全体にふわっとしたスタイル

パート3

上級編

香り、テクスチャ、ヘアカラーなど

人に好印象を与える。

仮に最初の出会いでそこに成功したとしたら、その印象を相手に残したいですよね。

その時に必要になるのが、香りであったり、素材であったり、つまり、さまざまな「質」になります。

後ほど解説しますが、

香りは「記憶」に、

テクスチャは「信頼」に、

それぞれつながっています。

さらに、髪の毛や肌の質などもそうですね。

みなさん、化粧品をどのように選んでいますか？

「好きな芸能人がＣＭをやっていたから」

「ドラッグストアで安売りしていたから」

そんな理由で選んでいませんか？

その化粧品は、本当に「あなたに合った物」でしょうか？

そんなさまざまな「質」を高める方法を、ここでは解説していきます。

香り

前述しましたが、香りというのは、記憶と密接につながっています。

ですので、相手に印象を「残す」ということを考えたとき、とても重要なツールになります。

みなさんも心当たりがあると思いますが、昔の彼氏や彼女の記憶というのが、香りと結びついている場合が本当に多い。

それを考えると、相手への印象付けという意味で、香りはころころと変えない方がいいと思います。

むしろ、「あの人はああいう香り」という、いい印象付けをしたいですね。

香りには、香水など身につけるものから、部屋に置く花やアロマなどいろいろあります。

ここをしっかりと考えている人は少ないですが、自分の香りの演出というところで、いろいろと組み立てていくのは面白いと思います。

ちなみに僕は25年間、同じ香水をつけています。

男性向けの香水ではなく、女性向けのフルーティなやさしい香りのものですね。

僕は職業柄、人の近くにいることが多いので、男性用の香水はスパイス系だとちょっと強すぎてしまう。

ですので、女性向けのもので相手にも、自分自身にも安心感を与えるものを選んでいます。

男性用、女性用に縛られず、そういう香りの選び方をしてもいいと思いますよ。

あと、お店のエントランスにもお客様をリラックスさせる効果のある、柑橘系の香りを使っています。

個人的にはラベンダーの香りも、リラックス効果も高くて好きなんですけど、香りの記憶がトイレの芳香剤と紐づいてしまっている人が多いのが残念ですね。

これは、記憶との結びつきが強いという香りの特性の弱点です。

たとえば、たまに何メートルも先から強烈な香りがする人がいます。

もちろん、強い印象を残すという意味ではありですが、一般的には、相手の深層心理に働きかけるくらいの控えめな使い方がいいと思います。

強烈な香りの記憶は、悪印象につながりやすくなります。

テクスチャ

テクスチャというのは、一言で言うと、僕は「信頼」だと思っています。

色や形とは違い、手触りや素材感で「高級」「上質」を表現できる。

もっというと、色や形の効果をより大きくすることができますし、特に、

実際に会った時に、その素材感は大きくものを言います。

ですので、リアルな場で相手に好印象を持ってもらうためには、このテクスチャは大事にした方がいいです。

ファーであったり、ベルベットであったり、光沢感であったり、しなやかさであったり、軽さであったり、そういう素材感で、より、相手にいい印象を与えることができます。

男性のビジネス・スーツが一番わかりやすいかもしれませんね。

たとえば、ブランド物のスーツを着ていたとしても、それがどこのブランドということはすぐにはわかりませんが、しっかりと仕立てられた素材のいいスーツは、すぐにわかりますし、そのまま信頼感につながる。

ですから、これは男性、女性にかかわらず、何かのときのために、ご自身の信頼感を高められるよう、素材のいいものは持っておくべきだと思います。

特に、ジャケットやショールなど、人の目線に入りやすい部分で身につけるものに関しては、素材感のいいものを着ることをお勧めします。

シャンプー

シャンプーボトルの裏面の成分表示って見たことありますか？
見ても何だかわからないですよね。
まずはシャンプーの分類について解説します。

シャンプー剤は以下の3つに分類されます。

・高級アルコール系
・アミノ酸系
・石けん系

高級アルコール系はドラッグストアやスーパーでよく売られているものです。

テレビでCMをやっているシャンプーはほとんどがこれです。

アミノ酸系は美容院で扱っている物が多いです。

髪をいたわる成分が多く入っています。

石けん系は肌に優しいので、スカルプ系や赤ちゃん向けのシャンプーに多いです。

成分表示で注目してほしいのは2番目に書かれている成分です。

シャンプーに1番多く入ってる成分は水です。

そしてその次に多く入っている成分が2番目に書かれています。
その成分がシャンプーの性質を大きく左右します。

そこの表記がラウレス硫酸、ラウリル硫酸でしたら、それは高級アルコール系の証拠です。
洗浄力が強く、肌への刺激も強いので、肌の弱い方や髪をいたわりたい方は要注意です。

そこの表記がグルタミン酸ナトリウムとか、コカミドプロピルベタインであれば、アミノ酸系シャンプーということです。
植物由来の原料で作られていて、肌にも髪にも優しい成分となっています。

石けん系は商品名自体が「石けんシャンプー」となっている物が多く、頭皮を気にされる方や、敏感肌の方におすすめですが、髪は少しきしむ感じがあるので、対応したコンディショナーが必要になります。

あなたがシャンプーに求める物は何でしょうか?

「強い洗浄力」か、「髪のうるおい」か、「肌に優しい」ことでしょうか？

通われている美容室のスタイリストさんからのアドバイスなども参考にして、あなたに合ったシャンプーを選んでみてください。

コンディショナー

純粋に、髪の毛のきれいな人というのは、無条件で人にいい印象を与えますよね。

女性の美しさを示すのに、「一髪、二化粧、三衣装」ということわざがあるくらいです。

髪の毛をいい状態に保つということは重要です。

ここで質問なのですが、みなさん、リンス、コンディショナー、トリートメントの違いはわかりますか？

値段の違い？

ひょっとしたら、そのくらいにしか思っていないかもしれませんね。

もちろん、そうではないのです。

それぞれの働きについて見ていきましょう。

まず、共通しているのが「静電気の防止」です。

洗髪をシャンプーだけで終えてしまうと、静電気が盛大に発生して、髪が広がってしまいます。

これを防ぐ役割があります。

そして、「髪に潤いを持たせる」。

パーマやカラー、日々のドライヤーなどで髪に必要な潤いは落ちていきます。

その失われた潤いを補給する役割もあるんですね。

その上で、リンスとコンディショナー、トリートメントがどう違うのか解説しましょう。

まず、**「リンス」**です。

リンスには元々「すすぐ」という意味があります。

昔のシャンプーは今よりもずっと洗浄力が強かったので、すすぎの時に付けていた脂質の入ったクリーム状の物を指すことが多いです。

「コンディショナー」。

名前の通り髪のコンディションを整えます。

リンスと同じく脂質の入ったクリーム。ベースにタンパク質やアミノ酸など、髪の栄養分となる成分が入っています。

持続性もリンスより優れています。

「トリートメント」。

トリートメントは基本的にカウンセリングが必要な製品と思ってください。

年齢や髪の状態によって、失われた物や必要な物は違います。

その人の髪に必要な物を美容師がアドバイスして使用する物ととらえてください。

そのほかにも、「ヘアマスク」といったダメージヘアのケアに特化した製品もあります。

トリートメントよりさらに毛髪補修成分が多く配合されていて、定期的に使用することで、より髪の状態が改善していきます。

カラーとパーマ、縮毛矯正など複数の施術をされている人は試してみてもいいでしょう。

化粧水と美容液

髪のきれいさと同様、きれいな肌も、好印象のポイントですね。

そもそも、人に好印象を与える以前に、人は誰しもツヤツヤのお肌でいたいものですよね。

女性でしたらなおさらです。

しかし色々な要因で肌のうるおいは失われがちです。

失われていく水分＋αの成分を補うのが化粧水や美容液です。

使い方の基本は、まず化粧水、次に美容液、その上に乳液やクリームとなります。

ケアのポイントは、うるおいと保湿。

そのうるおいと保湿のために必要な成分の代表が、ヒアルロン酸です。

ヒアルロン酸の説明の前に、まず皮膚の構造を解説させてください。

皮膚は表面から表皮、真皮、皮下組織の3層構造になっています。

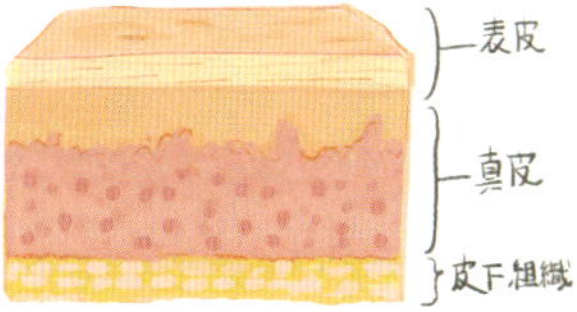

皮膚の三層構造

一番外側の表皮は４層のミルフィーユ状になっていて、外部からの刺激から守っています。

次に真皮は３つの物質で網目のような構造になっています。

その３つの物質が、ヒアルロン酸、コラーゲン、エラスチンです。

皮下組織は主に脂肪でできています。

ヒアルロン酸というのは、人が元々持っている保湿成分なんですね。

その保水力はヒアルロン酸１グラムで６リットルの水を保持することができる。

驚きの保水力ですよね。

美容液の成分としてはほかにコラーゲンやビタミンCなどが使われますが、うるおいを保つという意味ではヒアルロン酸が最も優れています。

目のまわりの小ジワはどうしてできるかと言うと、お肌の中の水分がなくなり、たるんでしまう……いわばしぼんだ風船のようになってしまうからなんですね。

ですから外からヒアルロン酸を補給してあげることで、シワやたるみを改善することができます。

そんな優れたヒアルロン酸なんですが、弱点があります。
それは「濃すぎると浸透しない」ということです。

世の中に「〇〇原液配合」と謳う化粧品は多くありますが、必ずしも濃度が高いものを指す訳ではありません。
(原液とはあくまで製法上の分類です)

ヒアルロン酸が最も浸透しやすい濃度は0・6%と言われています。

その濃度を実現している商品も少数ですが存在します。

世界的な化粧品ブランドや、オリジナルＯＥＭ商品ですね。

なかには合成保存料不使用の物もあります。

保存料は決して悪い物ではないのですが、入っていない方が安心ですよね。

その美容液の濃度をさらに下げることによって保湿力抜群の化粧水ができます。

いわばヒアルロン酸の２段構えですね。

こうした製品を選んでおけば、効果も期待できますし、安心だと思います。

ヘアカラー

これは、美容師としては本当に残念なのですが、ヘアカラーを１色だけという人が、まだまだ多いようです。

これは、女性も男性も一緒です。

色の世界というのは、1色だとのっぺりとした感じになります。

女性のメイクがわかりやすいと思いますが、あれも、いくつかの色を使うことで濃淡や、柔らかさ、動き、そして奥行きを表現します。

アニメを見ても、髪の毛は一色ではないんです。

ちゃんと色を使うことで、光や影や、動きを作っている。

なので、複数の色を使う、ハイライトやローライトで演出する。

そうでないと、お客様の「柔らかさを出してほしい」とか「動きを出してほしい」という要望は、カットだけでは演出できないのです。

よく、「軽い感じとか柔らかい感じにしたいので、カットをよろしくお願いします」と言われますが、カットだけでは希望どおりにはならないんですよね。

当然、時間とコストはかかりますが、人に好印象を与えるというのであれば、大きすぎる投資ではありません、是非、美容師さんに相談してみるのがいいでしょう。

タオル

日常生活で一番使う頻度が高いのに、あまり気を使わない代表が、タオルではないでしょうか?

お肌のケアに細心の注意を払っている方だと、タオルどころか、ティッシュを使う人がいるくらいです。

でもせめて、タオルはそのテクスチャに気を配ってもらいたいですね。

目の粗い、普通のタオル使ってる人がいかに多いことか……。

それだと、紙やすりで顔を拭いているようなものです。

せめて、吸水性の高いいいタオルを使ってみてください。

重曹

ここで、意外と知られていない、重曹についても紹介させていただきます。

重曹、みなさんがイメージするのは掃除だと思います。


でも実は、美容にも活用することができるんです。

もともと重曹、弱アルカリ性ですが、肌は弱酸性です。


たとえば顔の皮脂や化粧品類が顔に付着していくと、普通の洗顔だと、皮膚が固さや毛穴の汚れが取れにくくなってきます。

そこで重曹をお湯に溶かして洗顔をすると、その汚れ類が、きれいに取れます。

ただし、使い過ぎると逆に肌を痛めてしまうので、多くても1週間に1回ぐらいがいいと思います。

顔の表面だけでなく、口内環境を調えることができます。

「酸蝕症（さんしょくしょう）」が原因のひとつと言われていますが、歯も口内が酸性に寄ると黄ばんできます。

これも、重曹水（水200ミリに対して重曹小さじ1）でうがいをすることで、改善します。

使う時は食用重曹（薬局などで売っています）のほうがお勧めです。

重曹水は飲むことで、体内の環境を整えることもできます。

人間の体内は、微アルカリ性です。

そして、ウイルスや細菌などの身体によくないものは、基本的に酸性で、身体の調子が悪くなってくると、体内が酸性側に傾いてくる。

十二指腸潰瘍を引き起こすピロリ菌であったり、ウイルスや細菌などが増え、腸内環境が酸性に傾いた時に重曹を飲むことによって、それを中和することができ、体調をコントロールすることもできます。

腸内の環境が良くなることで、必然的に肌艶も良くなったりします。

もちろん、肌が弱い、アトピー体質など、重曹が合わない人もいますので、使用には十分気をつけていただきたいですが、特に危険性があるものではなく、その上、効果は出やすいので、是非、試してみてもらいたいと思います。

ドレスコード

ここまでの流れからは少し外れますが、最後にドレスコードについて解説をしておきたいと思います。

みなさんも、いろいろな会合や、ホテルでのビジネスミーティング、パーティに出席される機会も多いと思います。

そこで気になるのが、ドレスコードですね。

主催者の嗜好やキャラクターがよくわかっている場合でしたら問題ないのですが、そうでない場合が困りものです。

ここまで、相手に好印象を与えること、そして、その印象を残すことについて解説してきましたが、そもそも、自分自身が心地よくその場にいられなければ意味がありません。

自分自身に自信があって、その場を楽しんでいなければ、そもそも、相手に好印象を与えられないですからね。

ドレスコードといった場合、ごく一般的には、大きく分けて「フォーマル」「セミフォーマル」「スマートカジュアル」があります。

「フォーマル」は、冠婚葬祭、格式のあるパーティなどで適用されるコードです。

男性の場合、「フォーマル」の中でも「モストフォーマル」と言われる状況では、燕尾服やモーニング・コートになりますが、ここはタキシード一択でいいと思います。

タキシードに関しては、日本人はまだまだハードルが高いと感じているようですが、自身の表現の幅も広がりますし、もっともっと、気軽に着ていただきたいと思いますね。

女性でしたら、昼はアフタヌーンドレスで、夜はイブニングドレスになります。

「セミフォーマル」は、結婚式の二次会や、それほど格式張らないパーティなどで、男性でしたら、「フォーマル」と同様にタキシード、もしくはブラックスーツ（できるだけ深みのある黒、もしくは光沢のある黒で、素材のいいもの）が無難です。

女性は昼ならセミ・アフタヌーンドレスで夜はカクテル・ドレス。

「スマートカジュアル」は、高級レストランでのプライベートでの会食や、友人同士のちょっと気取ったパーティなど。

男性は、ジャケットとパンツスタイルが基本で、ネクタイはしないでも大丈夫です。

逆に、ポケットチーフなどの色使いでセンスを覗かせてほしいですね。

女性なら、昼でも夜でもワンピースかスーツが望ましいですね。

ドレスコードの基本は以上ですが、あとは、ここまで解説してきた「色」

と「形」そして「香り」や「テクスチャ」などを組み合わせて、その場をコントロールしていただきたいと思います。

コードはコードに過ぎません。

最低限のルールはクリアする必要がありますが、何よりも、まずはその場で自身がリラックスして、楽しんでいることが一番のドレスコードだと僕は考えています。

ビジネスにも大活用！

色の時間感覚を利用する

30ページの「緑」の説明のところでも触れましたが、色は時間をコントロールすることができます。

たとえば、病院が待合室などで青や緑の寒色系を多用するのは、時間が短く感じるので、待たされている感じが少なくなるからです。お客様がストレスを感じずに済むための配慮ですね。

逆に暖色系はお客様の回転数を上げることができるので、飲食店などで多く使われます。

暖色と寒色では感じる時間の長さが違うのは、実はスイスの色彩学者ヨハネス・イッテンが実験で実証しています。

彼の実験結果によれば、同じ環境下で過ごす場合、暖色系の部屋では40分しか経っていないのに1時間経ったと感じ、一方、寒色系の部屋では1時間経っているのに40分の長さにしか感じなかったとなっています。

それをどう、ビジネスに転用するか？

オフィスは、仕事をする場なので、どうしてもストレスの値が高くなりがちです。

ですので、時間的ストレスの軽減と集中力アップのために観葉植物を置いたり、文房具や壁紙を寒色系にするのがいい。

また、誰かと打ち合わせの待ち合わせをするのであれば、やはり相手にストレスを与えない寒色系を使っているお店で待ち合わせをしたほうがいいですね。

仮にその打ち合わせに遅れて行く事態になっても、また、その打ち合わせが長引いたとしても、相手に悪印象を与えることは少なくなります。

色で体感温度もコントロール

これも色彩学者ヨハネス・イッテンなのですが、寒色系に塗装した部屋と暖色系に塗装した部屋では体感温度が３～４度も違うという実験結果があります。

言うまでもなく、寒色系の方が体感温度が低くなります。

実際、血圧を下げたり血液の循環を停滞させる働きがあるようです。

この効果を利用して、2000年にイギリスのグラスゴーで景観改善を目的に青い街路灯を設置したところ、設置地区の犯罪件数が減少するという思わぬ効果があったことは良く知られています。

暖色系ではその逆に働きます。

よく、女性が赤の下着を付けるとセクシーだということが言われてきましたが、これも実は、理由がちゃんとあります。

あれは赤自体がセクシーなのではなくて、赤を着ることによって、体感温度が上がり、肌艶が良くなってきれいに見えるから、セクシーということなんですね。

赤い下着=セクシーと勘違いされている人も多いのですが……。

この体感温度の違い、ビジネスでも転用できますよね?

24ページの「赤」で解説したように、たとえば「赤」などの暖色系はそもそもが「情熱」や「エネルギー」を表します。

その上、そうやって見える所の色だけでなく、下着などで暖色系を付けることで、体温自体も上がります。

ここぞという場、勝負をしなければいけないようなシチュエーションでは、是非、自身を高めるために赤などの暖色系を身につけるといいと思います。

逆に、こちらも26ページの「青」で解説していますが、じっくりと話し合うようなビジネスシーンでは、是非、寒色系を身につけたい。

ピンクは最強

36ページで、「ピンク」は女性にとっての無敵の色だと説明しましたが、実はこの色、使いようによってはビジネスシーンでも最強になります。

何が最強かと言うと、攻撃性を抑える効果があるんです。

これも、実は実験によって立証されています。

１９７９年、アメリカのアレキサンダー・シャウス博士は、シアトル海軍矯正施設において受刑者たちの攻撃性を抑制するために独房の壁をピンク色に塗る実験を行いました。
　すると、独房に収容された囚人の攻撃性は著しく低下し、以降1980年代を通して、この特別なピンクが、複数の刑務所で適用されることになったそうです。

これもビジネスシーンに転用できますよね？

たとえばスタッフルームのように、人がリラックスしなければいけないような場所に、ピンク色のものを置く、もしくは壁紙をピンクにする。

お互いの緊張感を下げることができますよね。

よく、こういうスタッフルームのような、特に収益を上げないスペースに何も手を入れずに殺風景なままにしているお店なんかも目にしますが、そういうお店、オフィスは、全体にぎすぎすした感じがします。

冗談でよく言うのですが、軍服なんかも全部ピンク色にしてしまえば、戦争などはすぐになくなるのではないかと……。

それくらい、強力な色なんです。

できる限り、採り入れていきたいですね。

奥行と高さでゆとりを

ここでは色からは離れて、空間の使い方について説明します。

一番参考になるのは、東京ディズニーランドです。

東京ディズニーランドのワールドバザールはご存じだと思います。

東京ディズニーランドに来た人が必ず通る19世紀末から20世紀初頭の古き良きアメリカの街を模した場所ですね。

ここの建物、実は上の方ほど小さくなっているんです。

そのおかげで、2階建てなのに3階建てくらいの高さに見える。

奥行のつくり方も見事です。
入口側からシンデレラ城側の、それこそワールドバザールの出入り口の間の広さが違います。

シンデレラ城側の方が狭く作られている。

なぜそうしているかと言えば、シンデレラ城に吸い込まれていく体感を作り上げているのです。

そうすることによって、特別な場所に来たんだという切り替えを演出しているわけですね。

物を大きくしたり小さくしたりすることによって形に変化をつけ、高級感や没入感を演出している。

本当に勉強になります。

でも、こういうことは、私たちのオフィスやお店でも転用できます。

奥行をつくるためには、遠くに小さいものを置く。

天井の高さを出すためには、上の方にいくに従い置くものの量を減らす、もしくは、小さいものを置く。

奥行と高さはこういうことだけでも演出できますし、これによって、特にお店でしたら、高級感や支払額も変わってきます。

もうひとつ、大きな武器として、鏡があります。

大きめの鏡をお店の奥に置くだけでかなり大きな奥行効果を作ることができます。

もしもスペースに余裕があるのでしたら、是非、やってほしいと思います。

証言集

人生をひらいた「開運カット」

証言1　愛須隆人様

「開運カットって怪しいっ‼」

それが僕のファーストインプレッション。

みなさんもそう思いませんか？

2018年12月7日話し方の学校で初めてヨシヒト（話し方の学校のニックネーム）に出会った。

ヨシヒトの当時は見た目がチャラくて、変に人懐っこいところがめちゃくちゃ怪しかった。

でも良い距離感で接してくれて、仲良くさせていただきました。

そんなヨシヒトが美容師で、オーナーサロンを経営し、ヨシヒトのカットは開運カットを売りにしていた。

なんか怪しいけど、一度試しにカットしてもらおうがきっかけで、2019年1月26日にビーズアモール尾張旭店で初めてヨシヒトの「開運カット」とやらを受けた。

その施術の時の会話で、初めて「開運カット」の意味を知る！

ヨシヒトが中学の時から担当してる地元の男の子が、目指してた難関大学受験に合格をされた。

だからその男の子が細野さんのおかげで合格できたので「開運カットですね」と、お客様からの言葉だったと。

僕は何か勘違いをしていた。

カットして開運！

違う、ヨシヒトと出会えたことが開運。

運がいいことに気づく。

この文章を読むと怪しく思うけど、言葉にするのは難しいけれど、自分なりの言葉で「開運カット」。

もうヨシヒトカットと呼ばせていただきますが、今までの美容師さんは見た目だけをカッコよくしてくれていた。

でもヨシヒトは違う！　もちろん美容師としての技術と知識もあるが、目の前のお客様の目的に寄り添う力が凄いんだ！

だから自分の悩みを聞いてほしい美容師であり、その悩みに全力で応えようとしてくれる美容師であり、人の痛み、悲しみ、喜びを人の何倍も理解しようとしてくれる美容師 ヨシヒトは僕にとって大きな満月のような人です。

優しく見守り、優しく人を輝かせる、その人たらしめるコミュニケーション力はヨシヒトが今までの人生で苦難を乗り越え、自分を受け入れ、生きていることへの感謝の気持ちが大きいからこそ人を優しく照らす満月のような人になってきたんだと僕は強く感じた。

出会って6年が過ぎ、今でもビーズアモールに「開運カット」に通い続けている。

僕の人生で1番付き合いの長い美容室であり、美容師だ。

運は実力だが、運の強い人の近くにいられることはもっと大事。

人の可能性を最大限に信じて、優しく見守り照らしてくれるヨシヒトに心からありがとうを伝えたい。

証言2

自分大好き人生研究家
山﨑見咲 様

みさき隊長
自分大好き人生を生きよう

「人前に立つ仕事をする人は、美容も仕事のうち」


これは、細野社長から出会って間もない頃に教わり、今も大切にしている言葉です。

大きな夢と志を持って、講師業を始めた5年前。残念ながら当時の私の外見は、どこからどう見ても、「どこにでもいる、フツーの主婦」でした。

そんな時、細野社長と出会い「売れたい！　選ばれる講師になりたい！」という想いで、ワクワクしながら人生初の「開運カット」を体験しに行きました。

仕上がりを確認するために、合わせ鏡で自分の後ろ姿まで見せていただいた時に、「私ってこんなにイケてるの!?」という、ちょっと恥ずかしいけど、ウキウキする気持ちが込み上げました。

「これまでの人生で、こんなに気に入った髪型は初めてです！」と細野社長に感動を伝えたこと、今もハッキリと覚えています。

周りからは高評価をもらってきたのに、自信のなかった私にとっては、こんなに簡単に自己評価を変える方法があるんだ！　というのも、目から鱗でした。

人前に立つ仕事をするなら、当然自信もある方がいい。そこから毎月欠かさずに、ビーズさんに通わせていただくようになりました。

昔の知り合いからは「どんどん垢抜けて芸能人みたいになっていくね」と絶賛されたり、新たに出会う方からも「あなたしかいない！」と選ばれるようになり、講師としての累計売上は４年で６０００万円を超えました。

現在は、自分の人生を心から愛せる人を増やすため、全国でイベントや講演会を開催していますが、これまでに１０００名以上の方にご参加いただき、どこにでもいるフツーの主婦だった頃とは、別人のような人生になりました。

本来、誰もが生まれた時から必ず、その人にしかない魅力を持っています。でも、それを発揮しきれていない人の方が多いんですよね。

１人でも多くの方に、人生を輝かせる「美容」の威力に気づき、自分大好き人生を生きてほしいです。

証言3

株式会社ココワークス代表取締役

長尾綾子 様

睡眠の学校・長尾先生

正直に言うと、私は美容室がそもそも好きではない。

必ず、ご丁寧にクルクルとしたパーマを勧められ、「きっとお似合いですよ」と髪色の変更を提案されるからだ。

多くの女性がその美しさを望んでいるのかもしれないし、運営側の経済的な理由があるのかもしれない。

でも、私は洗えば落ちるメイクにも、本来の姿からかけ離れた髪にも興味がない。手を加えすぎた人工的な美しさには魅力を感じず、自然体の自分を活かすことが、私にとっての美の条件だからだ。

そんな私にとって、細野さんのカットは特別だった。

朝、目覚めて鏡を見た瞬間、自分にとってのベストな姿が。髪にブラシを通さなくても、最高の自分がそこにある。

そして、その状態は3か月以上続いていた。毎朝、鏡を見るたびに「余計な手間がない」という言葉では言い表せないほど、手を加えずとも理想の自分が映っていた。

私が、自分本来の自然な美しさにしか興味がないと伝えた記憶はない。でも、完全個室という空間の中で、会話を通じて私の思いを汲み取ってくれたのだろう。他の美容室で感じていた「価値観の異なる美を押し付けられる感覚」とは、まるで違っていた。

この空間で得られた体験は、私が会社で提供したいと考えている空間そのものだ。世間の価値観を一方的に押し付けるのではなく、個々にとっての最適解を見つけ、提供する。その結果、まるで若い頃のように深く眠れ、痛みが和らぎ、薬に頼らず穏やかな一生を歩めるようにすることが、私の仕事だ。

現在、私はYouTubeで情報発信をし、インターネットでサプリメントや医療機器を販売しているが、実際に店舗も構えている。

それは、「開運カット」と同じく、「個々にとっての最適解を見つける空間」が不可欠だと考えているからだ。

目指すべき空間を体験させてくれた細野さんには、改めて感謝を伝えたい。

証言4

中島侑子 様

医師、作家、TOKYOインフルエンサーアカデミー主宰

中島侑子の公式LINEでは、お友達登録くださった方に「発信から始められる！時間、場所に縛られない働き方大図鑑」など7大特典をプレゼントしてます！発信で人生の可能性を広げたい方はお見逃しなく！

細野さんの「開運セットアップ」は、私が今までに体験したことがない、目から鱗が落ちる感動のセットアップでした。

私は、TOKYOインフルエンサーアカデミーという創設6年、受講生500人、卒業生総合フォロワー数320万人の「発信力で人生を変える」学校を主催しています。

職業柄、国内外で講演会をさせていただくことが多く、またカンヌ国際映画祭レッドカーペット、イギリス王室主宰のパーティーなどにご招待いただいたり、Mrs.GrandUniverse世界大会に日本代表で出場したりと世界を飛び回っているため、日本のみならず海外のトップヘアメイクさんにお世話になることもあります。

細野さんの「開運セットアップ」は、そのどの体験にも勝るものでした。

感動ポイントは3つ。

1：シンプル

私自身もつい、「セットアップしました」感を出すために必要以上に髪を巻いていただいたり、年齢

に合っていない装飾を施したりを希望しがちなのですが、細野さんのセットアップは流れるような美しい手際で、驚くほどシンプルで一切の無駄がなく、でもしっかり上品でゴージャスに見える。不思議な魔法にかかったかのようでした。

2：時間が短い

シンプルゆえに、通常のセットアップの約1／2の時間で完成。なのに仕上がりは最高！　浮いた時間で講演会の最終チェック、メイクのお直しができました。「時間の短さ」って実はとても大切ですよね！

3：魅力爆発

私は講演会をする場所が全国各地違うので、ヘアメイクさんも毎回現地の方にお願いをしています。正直、徐々に出来上がる自分のヘアメイクを見ながら不安な気持ちになったことは数え切れません(笑)。

でも、細野さんに対しては常に120％安心して全てをお任せできます。その時々で、イベントの趣旨に合わせて、その人の魅力を最大限引き出すセットアップをしてくださるので、出来上がりを見て自信を持って壇上に立つことができました。

「自信がない」という方は特に、ぜひ細野マジックにかかってみてください。自分史上最高のあなたに出会えること間違いなしです！

証言5

今村奈緒子 様

B'sアモール 尾張旭店勤務、
夢の叶え方講座 認定講師、
焚き火の会 初代社長

B's グループ

『美容が世界を救う』

これがストンと腑に落ちたのも、細野貴史という男に触れたからだと思う。

目の前の人の自己実現に向けて、容赦なく切り込んでくる。迷いや葛藤も論破され、施術が終われば皆晴れやかに帰っていく。そして、懲りずにまた切られに（斬られに？）来るのだ。

これは、細野現社長が人一倍臆病で、ネガティブで、繊細だからだろう。人の痛みがわかるから、それでも乗り越えて実現する楽しみを知っているから、必ず相手に〝本当の優しさ〟を渡す。

私が施術を受けた時もそうだった。面倒くさがりで自分には無頓着、だけど現状に飽きているという状況を、普段の態度や会話から汲み取ってスタイルに反映させていく。

見た目の変化はあるが、手入れはしやすいように、長く自分で保てるように、私が次に髪の毛を切るまで、〝必ず〟キレイでいられるように設計されていた。

現状に飽きていても、変化は、怖い。本能的に仕組まれているこの怖さを、細野現社長は色や形を使って〝ワクワク〟に変えていく。見た目が変われば、心も変わる。それを、『美容』というツールを使って経験させてくれる。

美容師は、作品を作るのではなく〝その人の未来〟を創っていく。その人がその人らしく、その人の〝幸せ〟を歩んでいけるように。こんな世界が広がれば、人々は豊かになり、世界は〝幸せ〟に溢れる。

細野貴史には、『美容で世界が救われる』、そんな未来が見えているのかもしれない。直向きに、ストイックに、幸せで溢れる世界を目指す細野現社長を、これからもずっと最前線で応援したいと思う。

1989年3月16日生まれ。B's（ビーズ）アモール尾張旭店に勤務し始め、たくさんの人と触れ合う中で人生の選択肢が増える。多様な生き方からたくさんのことを学び、自分で自分の人生を選択して生きる楽しさを感じたことから、『あそんでくらす』を目標に、遊ぶように働き始める。美容院受付以外にも、夢叶認定講師、初代焚き火の会社長として、全国を拠点に好きと得意で『あそんでくらす』世界を広める。

証言6

人に言えない悩み専門カウンセラー

夏目もも子 様

私は、人に言えない悩み、男女関係や恋愛に悩む女性をＳＮＳ等でサポートしています

これまで２０００名以上の方をカウンセリング、１００名以上の会員を誇る、オンラインサロン「ＬＯＶＥレボリューション相談室」を運営。

音声配信プラットフォーム「Ｖｏｉｃｙ」では、恋愛ジャンルランキング１位。

お客様は、国内だけにとどまらず、世界中から依頼を受けております。

そんな順調そうな私ですが…。

何をやっても上手くいかなく焦り、精神的に限界を迎えたことがありました。

そんな時、細野さんの開運カット中、ｚｏｏｍコンサルなど相談させていただいたことがあります。

「目から入る情報が人の心理に与える影響」を1つ1つ解説してくれたんです！

・背景にある形、色
・着る洋服の形、色

常に「人に見られる」意識や、相手に信頼感を与える見た目を大切にしていたはずなので、私の頭の中は「？？？」でしたが、まずは言われた通りに変えてみたら。

なんと!!!

アドバイス前の成約率14・8％が、アドバイス通りにしたら31・4％に上がったんです！
年商は前年比の1・5倍増、過去最高になりました！

正直、「え⁉ こんなことで⁉」と。

「見た目はプレゼント」という、細野さんのコンセプト。

ビジネスやプライベート共に相手に安心感と信用、信頼感をプレゼントできることで「選ばれる人」になれるのだなと本当に心底感じました！

本書を応援してくださった
スポンサーのみなさま

株式会社メディチ家51代表取締役

山本隆司 様

しっぽまであんこたっぷりのたい焼専門店「日本一たい焼」のフランチャイジーオーナーとして、兵庫・岡山エリアを中心に14店舗を展開する代表取締役山本隆司。

経営者にとどまらず、書籍出版・講演など多岐に渡る活動をしています。

またコミュニティインフルエンサーとして、音声メディア「Ｖｏｉｃｙ」や「ｓｔａｎｄ．ｆｍ」、さらにはＩｎｓｔａｇｒａｍなど、多様なプラットフォームでビジネスや人材育成・心の火を燃やし続ける生き方など、情報を広く発信しています。

書籍の著者である細野貴史氏・又、株式会社晃希代表取締役 髙橋将弘氏３人と共に「遊びをビジネスに・ビジネスを遊びに」をモットーに「株式会社焚き火の会」を２０２５年５月１日に正式に設立。今後も挑戦し続ける山本隆司に注目してください。

本書の出版を心よりお祝いするとともに、読者の皆様にとっても新たな気づきや成長のきっかけとなることを願っています。

メディチ家 51 山本隆司

髙橋将弘 様

㈱晃希 代表取締役 介護福祉業界の革命家

まずはじめに、尊敬する経営者であり、焚き火の会の仲間である細野貴史さんの書籍を応援できること、そして自身の記事を掲載いただけることに感謝申し上げます。

私、髙橋まちゃぴろは、かつて自動車の板金塗装をしていました。本当は好きではじめた自動車の仕事のはずが、徐々にいやいや働いていたのを覚えています。

そんな私が、福祉の道に進んだのは「介護の仕事してみない？　まーくんは優しい人だから」と声をかけられたのがきっかけでした。

そして現場でいただいた、おじいちゃん・おばあちゃんからの「ありがとう」の言葉。この言葉が人生を変えました。

そして私の弟・晃希と語り合った「誰もが笑顔になれる施設を作る」という夢。

弟は夢叶わぬまま病気で旅立ちましたが、私は弟の名を会社に刻み、今でも共に介護の道を歩んでいます。

私たち介護福祉士は、ただお世話をすることが仕事ではなく『幸せを届ける専門家』です。有料老人ホームの運営、講師、ＹｏｕＴｕｂｅ発信、そして自身も書籍出版に挑戦し『介護の価値』を広めています。これからも、介護福祉の可能性を信じ、私自身が発信力の源となって挑戦を続けます!!

介護福祉業界の革命家／髙橋まちゃぴろ

YouTube【お金の学校】のとチャン　退職金ファイナンシャルプランナー　株式会社クオリティライフ代表

能登清文 様

預貯金が目減りする不安、ストレスから解放される!?

「お金＝愛＝ありがとう」日本の預貯金で眠っている1000兆円を循環することで喜びや幸せが増えることを願い、YouTube【お金の学校】のとチャンで発信しています。

ほうっておいても安心「米国債・ドル建て社債（債券運用）」で利息生活を楽しみ人生を満喫いただけると幸いです。

「利息のおかげで円安を気にせずに夫婦で海外旅行の楽しい時間をいただけて幸せです」「親子で一生忘れない素晴らしい思い出がつくれました！」

喜びの声がいっぱいあふれることをお祈りします。

著書に『利息生活で老後を楽しむ！〝米国債・ドル建て社債〟の教科書』（ごま書房新社）ほか累計8作。

能登清文
【お金の学校】のとチャン

株式会社アエル代表取締役

藤谷壱也 様

兵庫県宝塚市と川西市に美容室アエルを3店舗経営。

YouTube講演家 鴨頭嘉人さんが運営する話し方の学校名古屋校で細野氏と出会い、2024年から名古屋のB'sグループに入り活動中。

カンヌ国際映画祭、ミラノコレクションのファッションショーにてヘアメイクも担当。

毎年8月に子どもたちに無料で美容師体験ができる「美容万博」を兵庫県川西市でも開催し、160名を超える地元の子どもたちと、2024年1月能登半島沖地震で被災された石川県珠洲市の子どもたちを招待し被災地支援活動にも貢献。

@AERU_0401

Instagram

粋響株式会社代表取締役　伝統屋 暁代表　ミラノコレクション ジュエリーデザイナー　火縄銃 射撃競技選手

佐野翔平 様

佐野翔平（1990年生まれ・静岡県出身）：日本の伝統文化の継承と発展に尽力する実業家であり、火縄銃射撃競技の選手としても活躍。国内大会での優勝経験を持ち、日本武道館をはじめ全国各地で演武を披露している。

伝統技術の魅力を現代に生かすべく、「伝統屋 暁」を立ち上げ、国内外で商品展開を行うほか、粋響株式会社代表取締役としても活動。近年では、世界的デザイナー・コシノジュンコ氏との協業や、ミラノコレクションへのジュエリー出展を果たし、デザイン業界からも高い評価を受けている。伝統と革新を融合させる独自の視点で、美と文化を未来へとつなぐ。

粋響

有限会社ないとう代表取締役（日本一の額装家）
内藤 潤 様

弊社は額縁の製造販売を行っており、日本全国のお客様へ高品質な額縁を提供しています。

私たちのミッションは「飾り彩る文化を育み、笑顔が生まれるキッカケを創る」こと。

美術作品や写真、記念品を額装することで、大切な想いを形にするお手伝いをしています。

また、ＥＣ事業にも注力し、より多くの方に当社の額縁をお届けできる体制を整えています。

お客様のご要望に寄り添い、心を込めたものづくりを追求することで、これからも「飾る文化」を支えてまいります。


【額縁・額装の"3S"】

「額縁は作品を彩る〝ステージ〟であれ」

「額縁は作品を語る〝ストーリー〟であれ」

「額装は作品と共に奏でる〝シンフォニー〟であれ」

額縁専門店ないとう

ザ・アウトロウズ

森次美尊 様

14歳の時にロックンロールに脳天を撃ち抜かれ『ザ・アウトロウズ』のVo＆Guとして26歳でメジャーデビューの夢を叶えた。

その後、FPとして独立。全国に支店展開する傍ら、YouTubeコラボ対談でキングコング西野さんにNISAを教えたり、ラジオパーソナリティとして関西の人気番組で本質的なおかねの情報を発信。

前向きにお金と向き合う文化をつくるため、8月7日を日本の『お金の日』記念日に制定。

2023年のクラファンをきっかけに、元ミュージシャンとしての自分に再び光を灯す。〝支援者の人生を曲にする〟というリターン企画が多くの共感を呼ぶ。最終的に20年ぶりにかつてのバンド仲間とステージに立ち、ソロアルバム発売と記念ライブ開催を実現した。

ファイナンシャルプランナー
もりつぐ先生

キセキのアルバム

人に言えない悩み専門カウンセラー

夏目もも子 様

人に言えない恋愛や、男女の悩みを専門にサポート。のべ2000名以上をカウンセリング。

・SNS総フォロワー数、1万2000人以上。

・SNS読者様、クライアント様からのお喜びのお声、1000件以上。

・成就、復縁、溺愛のご報告多数！

・個別講座、カウンセリングは最速5分で満席

・音声配信「Voicy」恋愛ジャンル1位獲得。

・会員数、約100名オンラインサロン運営。

・アメリカ本土、ドイツ、シンガポールなど海外からも依頼が寄せられる。

【全ての女性の笑顔の総量を増やす】を理念に、本来の魅力を開花させ、思い通りの恋愛や人生を、選択できる女性を増やす活動をしている。

人に言えない恋
応援団長ラジオ

ＡＬＡ日本セルフチューニング協会代表　ＡＬＡ美脚学校®主宰　骨格・姿勢矯正・下半身痩せ専門家

神谷かのみ 様

自身のコンプレックス下半身太り研究20年を経て、医療系国家資格取得後、さらに足裏を重視した解剖学、過労性構造体医学、などを網羅し深めＡＬＡ美脚学校®「自己調律セルフチューニング」メソッドを考案。自身の下半身太りを卒業するだけでなく活動当初からトータルで述べ３０００名以上の脚痩せダイエットを指導。

講師育成、専門家としてショップチャンネル出演や専門学校講師登壇、商品監修などを行っている。

現在では社会問題でもある日本人女性の自己肯定感の低さの６割の理由が、「スタイルの悪さ」という事実から、日本人女性のコンプレックスを宝物に変える。というビジョンを掲げ、セルフチューニングの力で「自信あふれ自分らしく輝く人を増やす」活動に尽力している。

ALA 美脚学校®

ジャーナリストYouTuber

中野博様

早稲田大学商学部卒業、ハーバード大学院修了。世界5か国での教育実業家で108冊の著者&480万人登録YouTuberジャーナリスト。未来予測學問®『時読み』と人間関係統計学『ナインコード』を開発し、企業の人材開発研修や1000社以上をコンサル指導。投資家として多くのアーティストを支援し続けてNFTアート美術館設立運営。2024年として®国づくり甲子園開始。クラファン挑戦は11回連続挑戦記録があり、総合計1億円突破。

中野博の知的革命 2027 年

MUNETAKA YOKOYAMA LUXURY FORMALWEAR DESIGNER

横山宗生 様

〈プロフィール〉
LUXURY FORMALWEAR DESIGNER
一般社団法人日本フォーマルウェア文化普及協会 理事長
株式会社マイモード　代表取締役
タキシードアトリエ ロッソネロ 代表
芸能人・スタイリスト御用達の南青山の専門店
2024年2月にミラノコレクションに出展し、世界から注目されている。
日本だけでなく、世界でもセレブや芸能人のフォーマルウェアを手掛けている。

Instagram

医療法人 京命整形外科　京命クリニック 理事長

三ツ口秀幸 様

私は名古屋市で整形外科クリニックをしております。いたみ、しびれ、腫れなどについてご相談を受けます。最近は予防医療の重要性を感じます。膝の変形が進むとO脚になります。予防には筋力と体重のコントロールが大切です。姿勢が前傾になる原因として背骨の骨折があります。50歳前後になりましたら、症状がなくても骨密度検査を行うことが大切です。骨が弱い場合は、食事、運動、お薬などで骨折予防ができます。姿勢の変化が起きると、機能が低下するばかりではなく、外見が変化してご自分への自信を失う方がおられます。美と健康に少しでもご協力できたら有り難いです。

医療法人 京命整形外科 京命クリニック

髙橋貴洋 様

他者貢献

髙橋 貴洋

株式会社 和《わ》 髙《こう》 組《ぐみ》

～他者貢献～

[C.to] Contribution to others

株式会社アウェイク代表取締役

森田市郎 様

心の声を引き出す「聴き力」で、本当に生きたい人生を生きる。

コーチ・講師業・企業研修のほか、自己理解を深めるコーチングスクール『聴き力の学校』、プロコーチを育てる『トップコーチ・プログラム』を提供。

対話を通じて、本当にやりたいことや才能、ミッションを見つけ、「なぜ、何のために生きるのか」という自分軸で生きる力を育む支援を行います。

私たちは、一人ひとりが心から望む未来「現状の延長線上にないゴール」へと進むための場を提供し、人生を力強く切り拓くパワーパーソンを育成しています。

「優しい人こそ強くあれ」という信念のもと、本当に生きたい人生を歩む人を増やす挑戦を続けていきます。

1分で分かる
プロコーチ／講師　森田市郎

株式会社ダイシンコラボレーション　代表取締役　夢の叶え方講座　認定講師

吉田匡廣 様

細野貴史さん！　初書籍の出版　誠におめでとうございます！
多くの人を勇気づける本が、多くの人に届きますように。

吉田匡廣の、
みんな STAY GOLD

【自己紹介】

1972 年生まれ。兵庫県神戸市在住。
1994 年 甲南大学 経済学部卒。
1994 年 4 月 真生印刷株式会社　入社
1998 年 4 月 大新印刷株式会社（現ダイシンコラボレーション）入社
2016 年 3 月～ 株式会社ダイシンコラボレーション　代表取締役
創業 116 年の印刷会社の 6 代目。
現会社に入社後、美容専門学校、不動産会社、証券会社の商業印刷物、
広告宣伝物を担当。
2004 年 社内ベンチャーとして立ち上げた飲食事業の責任者を担当。
2012 年 Ｊリーグのグッズ製造の事業を立ち上げ、プロスポーツビジネスに進出。
イベント運営やファンサービスの企画提案も行う。
2023 年 12 月 鴨頭嘉人さんの豊洲 PIT デビューライブのグッズ製作を担当。

【主な活動歴】

2013 年 2 月 BNI アルバトロスチャプター (兵庫県神戸) 立上げ 2017 年 3 月まで所属
2022 年 4 月～ 9 月 話し方の学校　大阪 11 期ベーシック受講
2023 年 5 月～ 2024 年 4 月 ダイナミックスピーキングアカデミー 1、2、3 期　受講
オンラインサロン【鴨 Biz】2023 年 3 月～ 入会
2024 年 5 月～ 大阪府印刷工業組合 教育研修委員会 委員長を務める
2024 年 9 月 夢スピーチアワード 2024 に出場し、会場最多得票の POPULARITY 賞と、
CHALLENGE 賞の W 受賞。
2025 年 夢の叶え方講座 認定講師の資格取得
夢は、スタジアムを作ること。

★ stand.fm 発信中
https://stand.fm/channels/63d5d89370af05f9d1e9d86f

スポンサーのみなさま　(※申し込み順に表記)

KAMO ファンディング 生島 正 様
薬剤師革命家の山口竜太 様
株式会社 HRLinks 代表取締役 岡野克哉 様
古事記 project 株式会社代表取締役 村上良之 様
可愛い自分で生きるための習慣作りコーチ／歯科医師 朴 修賢 様
遊び師／オンラインサロンスーパースギタワールド／スギタシンゴ 様
株式会社 BON・JOB 代表取締役 橋本一豊 様
switch hair & make 代表 田中征洋 様
軽井沢犬のほいくえん Vita むーむー / 阿部 睦 様
natural beauty ADA 代表 恒川直俊 様

【100 冊寄贈】
Office Knowledge Base 代表 小山内一志 様
カテーテル志郎 様
AOI BEAUTY CLINIC 代表 稲垣真裕 様

エンパワー吉田智哉 様
ドイツワインを愛し、安心できる社会を目指す研修講師のぶりん 様
日勝株式会社 Coo 濱野笑路 様
湯川倉庫株式会社代表取締役 湯川雅仁 様
甘酒王子 様
株式会社 d-style 堂端龍一郎 様
株式会社ひげごろー代表取締役 濱田吉也 様
株式会社 MSY ダイニング代表取締役 原田昌和 様
スーパーボイストレーナー KOZY 様
あみこ KENTO MORI プロデュース チャンス∞愛 様

【50 冊寄贈】
職人が握る回転寿司すし道場マネージャー 愛須隆人 様
実業家副業ポップスター 山本隆司様

株式会社 tokiograph 時岡 寛 様
林 周都 様
大河原健史 様
木下貴子 様
黒田康平 様
後藤健太郎（ごとけん先輩）様
三浦 昂 様
松本佳代子 様
林 泰祐 様
佐々木孝行 様
アップル吉田 様
焚火の会 九州 様
飯田竜太 様
浅野智郎 様
臼井陽香 様
石田和久 様

おわりに

「開運カット体験談」のところで取り上げさせていただいた例以外にも、それまで職場で部下に怖がられていた人が、シャツの色を変えただけでスタッフから「こんなに柔軟な人だとは思わなかった」と、大幅に評価が変わったり、逆に髪型を変えただけでそれまで頼りなく思われていた中間管理職の社員の評価が変わったり……。

みなさん、

「仕事が楽しくなってきました」

「生きがいが出てきました」

と、嬉しい報告をたくさんいただいています。

人だけではありません。

それまでクレームの多かったお店が、内装の色や形の変更をしただけで、クレームの４割が減ったという例もあります。

どうですか？

印象というのは、これだけ、いろいろなことに影響を及ぼしているのがわかりませんか？

その印象をアップデートして、周りを、世界を、そして自分をコントロールすることができれば？

その思いだけでこの書籍をまとめさせていただきました。

「はじめに」でも書きましたが、見た目を変えれば、世界も変えられる。

そして「見た目はプレゼント」です。

みなさんの世界が、美しく、夢に満ちた世界になることを願ってやみません。

２０２５年３月吉日

細野貴史

GUCCI
GUCCI

FASHION WOW
02 | 2024
FASHION WEEKS AROUND THE GLOBE
LEE MINHO
A MARATHON AMONG HOTELS, MICHELIN-STARRED RESTAURANTS AND LUXURY SHOPPING
FASHION WOW
GLAM AWARDS 2024
WORLD TOP MODEL 2024

美容万博

美容万博

AAA_chan

(猫と女の子を描く芸術家)

1995
・GalleryMAYA(青山)で個展

1998
・公募:第2回PATER賞受賞

2002
・公募:第1回CWC東京コンペ　ジェフリーフルビマーリ賞受賞
(ここからは長い長いサラリーマン生活を経る)

2021
・絵本「わかめ婦人」出版　(Clover出版)
やがて好きなことをしたい気持ちでサラリーマンを退職する

2022
・Japan Expo Paris出展
・MADE in Japan JCAT NY出展
・Heart in Kyoto 京都京セラ美術館出展「持田総章芸術賞」受賞
・同上　福岡美術館出展
・ドイツワイン　エアバッハ村　ワインラベル14パターン採用
・CALアートイベント LOVE COLOR出展(マルイ新宿本館　BEAUTY STAND PLUS)

2023
・アジア平和芸術展　平和賞受賞
・松山庭園美術館「第20回　猫ねこ展 祭」出展
・日仏友好貢献親善大賞 in Paris(現代アート部門)受賞
・クリエイティブ文化祭　クリエイティブ文化賞

2024
・永遠の絆展　デジタルアート部門永遠の絆芸術大賞
・第8回フラワーガーデン展　グランド東京ニッコー台場ギャラリー21出展
・第2回 松本国際アート展示会 un do展　メディア芸術賞

現在
2026年以降、某N野さんのNYブロードウェイミュージカルと同じ時期にNYで個展する目標に向かい奮闘中。

細野貴史（ほそのたかし）
株式会社ビーズ代表取締役
株式会社 Amor 代表取締役

20 歳で美容師見習いスタートし、24 歳で店長に。33 歳で店舗ビジネスにチャレンジして失敗。
謝金が 2000 万円までふくれ上がり、極貧生活を送る。

銀行を巡り、300 万円の再融資を元にボロボロの美容室をオープン！ その後、株式会社ビーズ 2 代目を引き継ぎながら、株式会社 Amor を創業。現在、2 社の代表取締役を務め、現在 17 店舗を経営する。

カンヌ国際映画祭、ミラノコレクションにてヘアメイクも担当するかたわら、他業種の顧問やコンサルも請負いながら、クラファン自身調達もする。

現在、他業クラファンサポートで累計約 1 億 6000 万円を調達。

美容業界活性イベント「美容万博」も手がけ、行政、学校から注目をあびている。

魔法の第一印象
〜会った瞬間に心をつかむ技術

2025 年 4 月 30 日 初版発行
2025 年 6 月　6 日 第 2 刷発行

著者　細野 貴史
発行者　鴨頭 嘉人

発行所　株式会社 鴨ブックス
〒 171-0022　東京都豊島区南池袋 1-26-6 エス・エイチ・ワン 6F
電話：03-6912-8383　FAX：03-6745-9418
e-mail：info@kamogashira.com

デザイン　早川郁夫（Isshiki）
イラスト　AAA_chan
校正　株式会社 ぷれす
印刷・製本　株式会社 シナノ パブリッシング プレス

ISBN978-4-910616-16-2